최고야의
성당 관찰기

최고야의 성당 관찰기

2019년 2월 21일 교회인가
2019년 3월 10일 1판 1쇄 발행
2025년 3월 20일 1판 4쇄 발행

글 · 그림 | 최진태
펴낸이 | 이은아
펴낸곳 | 바오로딸

01166 서울 강북구 오현로7길 34
등록 | 제7-5호 1964년 10월 15일
전화 | 02) 944-0800   팩스 | 987-5275

취급처 | 중앙보급소
전화 | 02) 984-3611   팩스 | 984-3612
ⓒ 최진태 · 2019 FSP 1487

값 10,000원

이메일 | edit@pauline.or.kr
인터넷 서점 | www.pauline.or.kr 02) 944-0944
ISBN 978-89-331-1346-2 73230

최고야의 성당 관찰기

글 · 그림 최진태

바오로딸

 **최고야의 성당** 관찰기

관찰 날짜	3 월	23 일
관찰 대상	🔍 성당	

⛪ 관찰 내용

내가 다니는 성당 지붕은 뾰족하다.
지붕 꼭대기에는 큰 십자가가 있다.
창문은 빨간색, 파란색, 초록색.
알록달록하다.

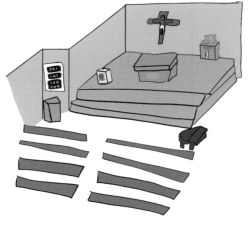

성당은 하느님의 집이다.
하느님 집에 오면 미사를 드리고 기도를 한다.
성당 안에서는 하느님을 공경하는
마음 자세로 조용히 있어야 한다.

새롭게 발견하거나 알게 된 점	성당에는 내가 모르는 것이 엄청 많다. 앞으로 하나씩 알아가야겠다.

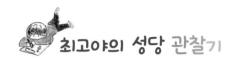 **최고야의 성당** 관찰기

관찰 날짜	4 월	13 일
관찰 대상	🔍 성모님상	

 관찰 내용

성당 마당에는 성모님상이 있다.
자세히 보니 어른들은 성당에 오면
먼저 성모님한테 인사를 한다.
미사가 끝나고 집에 갈 때도 인사를 한다.

성당 안에도 성모님이 계신다.

계단에는 묵주를 들고 계신 성모님이

제대 가까이에는 양팔을 벌리신
성모님이 계신다.

새롭게 발견하거나 알게 된 점	성모님상에 인사하는 이유는 성모님을 공경하는 마음을 표현하기 위해서다. 앞으로는 성모님께 인사를 잘해야겠다.

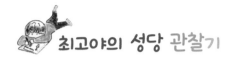 최고야의 **성당** 관찰기

관찰 날짜	4 월	27 일
관찰 대상	🔍 성수	

 관찰 내용

성수

<성수대>

성당 문 앞에는 성수대가 있고
그 위 성수 그릇에는 '성수'가 담겨 있다.
성당에 들어갈 때는 손끝에 성수를 찍고 나서
성호경을 긋는다.

그리고 성수대에 적힌 대로 기도한다.

> "주님, 이 성수로 저의 죄를 씻어 주시고 마귀를
> 몰아내시며 악의 유혹을 물리쳐 주소서. 아멘."

소금이 조금 들어간 물을 신부님이 축복하시면
성수가 된다.
성수는 거룩한 물이다.

새롭게 발견하거나 알게 된 점	성수를 찍고 기도하는 이유는 하느님을 만날 준비를 하며 몸과 마음을 깨끗이 하기 위해서다.

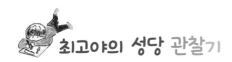 최고야의 **성당** 관찰기

관찰 날짜	5 월	11 일
관찰 대상	🔍 제대와 감실	

 관찰 내용

성당 문을 열고 들어가면 중심에 '제대'가 있다.
성당에 들어가면 먼저 제대를 향해
인사를 해야 한다.
제대는 미사를 드리는 중요한 곳이다.
예수님이 돌아가시기 전날
제자들과 마지막 식사를 하시며
빵과 포도주를 나눈 식탁과 같은
의미가 있다.

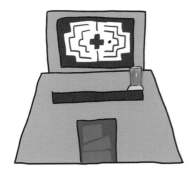

제대 뒷면에는 '감실'이 있다.
감실에 예수님의 몸인 성체를 모셔 둔다.
감실 옆에는 '성체등'이라고 하는
빨간 작은 등이 있다.

새롭게 발견하거나 알게 된 점	성체등은 감실 안에 예수님의 몸이 모셔져 있다는 표시로 항상 켜져 있다.

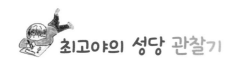 **최고야의 성당 관찰기**

관찰 날짜	5 월	25 일
관찰 대상	🔍 십자가 ✝	

 관찰 내용

제대 뒤에는 십자가가 있다.
매우 크고 무거워 보인다.
십자가에는 예수님이 계시고
'INRI'라는 글자가 적혀 있다.

INRI의 뜻은 '유다인들의 임금 나자렛 예수'라는 뜻이다.
예수님이 지은 죄라고 하면서 빌라도가 썼다고 한다.

십자가는 사람을 해치는 중죄를 짓거나
남의 물건을 빼앗는 강도 같은 사람들이 진다.
예수님은 죄를 짓지 않았는데
왜 십자가를 지고 가셨을까?

새롭게 발견하거나 알게 된 점	예수님은 우리가 지은 죄를 대신해서 십자가를 지셨다. 예수님께 감사하는 마음으로 기도해야겠다.

 **최고야의 성당** 관찰기

관찰 날짜	6 월	8 일
관찰 대상	🔍 독서대	

🏰 관찰 내용

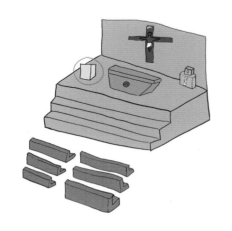

제대 가까이에 '독서대'가 있다.
독서대는 제대와 신자석 사이에 있다.
그 이유는 신자들에게 하느님 말씀을 전하는 데
가장 좋은 위치이기 때문이다.

독서대에서 성경 말씀을
읽어 주는 사람을 '독서자'라고 한다.

독서대 위에는 미사 때 읽을
성경 말씀이 적혀 있는
'독서집'을 놓는다.

새롭게 발견하거나 알게 된 점	독서대는 예수님처럼 하느님 말씀을 큰 소리로 선포하는 곳이다.

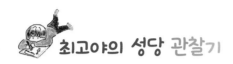

최고야의 성당 관찰기

관찰 날짜	6 월	22 일
관찰 대상	🔍 신자석	

🏠 관찰 내용

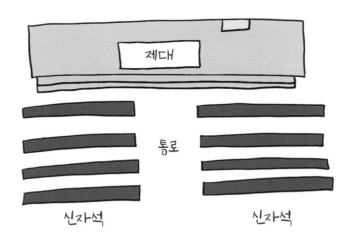

제대

통로

신자석　　　　　신자석

성당 안에는 가운데 통로가 있고 양쪽으로 '신자석'이 있다.
이 의자에 신자들이 앉는다.
신자석은 정해진 자리는 없지만
늦게 오는 사람들을 위해
앞에서부터 앉는 게 좋다.

우리 성당 의자에는
성가책과 기도문이 놓여 있다.

새롭게 발견하거나 알게 된 점	 ← 장궤틀	무릎을 꿇고 기도하고 싶을 때는 '장궤틀'을 이용한다.

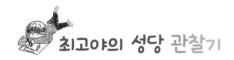 최고야의 성당 관찰기

관찰 날짜	7 월	13 일
관찰 대상	🔍 고해소	

 관찰 내용

우리 성당에 들어가면 뒤편에 '고해소'가 있다.
문이 세 개 있는데 중간 방에는 신부님이 들어가시고
양쪽 방에는 신자들이 들어간다.

고해소 밖에 등이 있는데
사람이 고해소에 들어가면 꺼져 있던 불이
반짝하고 켜진다.
고해소에 들어가면 작은 창문이 보인다.
이 창문을 통해 신부님께 잘못한 것을 고백한다.

새롭게 발견하거나 알게 된 점	신부님께 죄를 고백하는 것은 하느님께 고백하는 것이다. 잘못을 뉘우치고 고백하면 하느님께서 용서해 주신다.

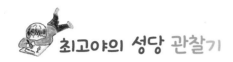 **최고야의 성당** 관찰기

관찰 날짜	7 월	27 일
관찰 대상	🔍 제의실	

 관찰 내용

신부님이 허락해 주셔서 '제의실'에 들어가 보았다.
제의실은 신부님과 복사를 서는 형들과 누나들이
미사를 준비하는 곳이다.
옷장에는 신부님이 미사 때
입으시는 옷들이 가득 차 있다.

미사 때 신부님이 입는 옷은 아주 많다.
개두포, 장백의, 허리띠,
영대, 제의 순으로 입는다.

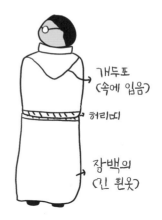

개두포
(속에 입음)

허리띠

장백의
(긴 흰옷)

다른 장에는 초와 촛대, 십자가
그리고 미사 때 사용하는
황금색 잔이 있다.

새롭게 발견하거나 알게 된 점	신부님은 미사 전에 제의실에서 기도하면서 옷을 입으신다.

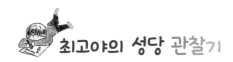 **최고야의 성당** 관찰기

관찰 날짜	8 월	10 일
관찰 대상	제의	

 관찰 내용

신부님은 미사를 드릴 때 '제의'를 입으신다.
제의 색깔은 다양하다.

<붉은색>
수난과 순교의
의미가 있다.
주님 수난 성지 주일, 성금요일,
순교자 축일에 입는다.
또한 성령의 색이라
성령 강림 대축일에도 입는다.

<흰색>
기쁨의 의미가 있다.
성탄 시기와 부활 시기 그리고
성모님 축일에 입는다.

<보라색>
잘못을 깨닫고
뉘우치는 의미가 있다.
사순 시기와 대림 시기에 입는다.

<녹색>
희망과 생명의
의미가 있다.
연중 시기에 입는다.

새롭게 발견하거나 알게 된 점	신부님이 입으신 제의 색깔을 보고 지금 어떤 시기를 지내고 있고 마음 자세를 어떻게 가져야 하는지 알 수 있다.

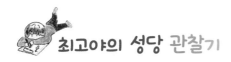 **최고야의 성당 관찰기**

관찰 날짜	8 월	24 일
관찰 대상	신부님 옷	

🏛 **관찰 내용**

로만 칼라

신부님이 평소에 입으시는 옷을 '수단'이라고 한다.
발목까지 내려오고 검은색으로 된 긴 치마다.
수단에는 하느님과 교회를 위해
삶을 바친다는 의미가 있다.
신부님이 입는 옷에는 항상 하느님을 생각하는
마음이 담겨 있다.
그리고 수단에는 단추가 셀 수 없이
많이 달려 있다.
신부님께 물어보니 단추 수는
정해져 있지 않다고 한다.

수단을 입으신 신부님 목 주위로 하얀 띠가 있는데
'로만 칼라'라고 한다.
로만 칼라로 신부님의 신분을 알 수 있다.

→

새롭게 발견하거나 알게 된 점	교황님은 백색 수단 추기경님은 홍색 수단 주교님은 자주색 수단을 입으신다.

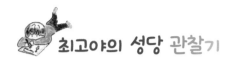
최고야의 **성당 관찰기**

관찰 날짜	9 월	14 일
관찰 대상	🔍 복사	

 관찰 내용

미사를 드릴 때 형들과 누나들이 흰옷을 입고
신부님 양옆에 서 있다.
형들과 누나들은 미사 때 신부님을 도와 드린다.
이렇게 제대에서 봉사하는 사람을
'복사'라고 한다.
복사를 서는 형들과 누나들은 미사 전에
제의실에서 옷을 입고 기도를 하며 준비한다.

미사가 시작되기 전에
제대에 있는 초에 불을 켠다.
무엇보다 신부님의 행동을 잘 보고 있다가
종을 치기도 하고
신부님이 손을 닦을 수 있도록
물수건도 들고 있어야 한다.

새롭게 발견하거나 알게 된 점	우리 성당에는 어린이 복사단이 있는데 복사단에 들어가려면 첫영성체를 해야 한다. 

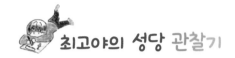 최고야의 **성당** 관찰기

관찰 날짜	9 월	28 일
관찰 대상	🔍 꽃꽂이	

 관찰 내용

제대 앞에는 예쁘게 꽃꽂이가 되어 있다.

꽃꽂이를 하는 이유는 성당을
아름답게 장식하기 위해서가 아니다.
꽃으로 하느님을 찬미하고
우리의 사랑과 정성을
하느님께 드린다는 의미가 있다.

새롭게 발견하거나 알게 된 점	꽃꽂이 모양은 그날 독서와 복음 말씀 그리고 축일에 따라 달라진다.

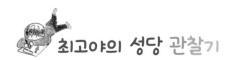 최고야의 성당 관찰기

관찰 날짜	10 월	12 일
관찰 대상	🔍 기도손	

 관찰 내용

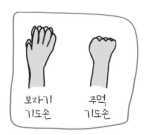

보자기 기도손   주먹 기도손

미사를 드릴 때는 기도손을 한다.
보자기 기도손을 하는 사람도 있고
주먹 기도손을 하는 사람도 있다.
아빠는 주먹 기도손을 한다.

미사 중에는 기도손!

미사 드릴 때 손을 주머니에 넣고 있으니까
선생님이 기도손 하는 법을 알려 주셨다.

손을 내리고   손을 올리고

가만히 보니 기도손을 할 때
손을 내리기도 하고 올리기도 한다.

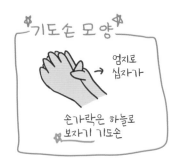

기도손 모양

엄지로
십자가

손가락은 하늘로
보자기 기도손

먼저 보자기 기도손을 한다.
그런 다음 오른손 엄지손가락을
왼손 엄지손가락 위로 겹쳐
십자가 모양을 만든다.

새롭게 발견하거나 알게 된 점	손을 모으는 것은 하느님과 내가 하나 되기를 소망하는 것이라고 신부님이 말씀하셨다.

 최고야의 성당 관찰기

관찰 날짜	10 월	26 일
관찰 대상	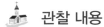 성가	

🏠 관찰 내용

미사 때 노래를 크게 부른다.
미사 때 부르는 노래를 '성가'라고 한다.

성가란 '거룩한 노래'라는 뜻이다.
다 함께 노래로 기도하는 거다.

노래로 하느님을 찬미하며
하느님을 사랑하는 마음을 전한다.

새롭게 발견하거나 알게 된 점	노래를 잘하지 못해도 정성껏 부르면 하느님이 기뻐하신다.

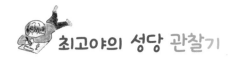
최고야의 성당 관찰기

관찰 날짜	|| 월	᠑ 일
관찰 대상	핸드폰	

🏛 관찰 내용

미사 때 핸드폰을 껐셨더니
주일학교 선생님이 주머니에 넣으라고 하신다.

한번은 핸드폰을 보고
성경을 봐야지 하고 결심했는데
결국은 내가 보고 싶은 것을 봤다.

물론 신부님이 강론 때 어떤 말씀을 하셨는지
하나도 기억나지 않는다.
핸드폰뿐만 아니라 장난감을 가져갔을 때도
미사를 어떻게 드렸는지 기억나지 않는다.

새롭게 발견하거나 알게 된 점	미사는 하느님을 만나는 기쁨의 잔치다. 미사에 초대받은 우리는 미사에 집중해야 한다.

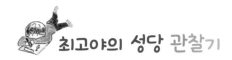 최고야의 **성당** 관찰기

관찰 날짜	|| 월 23 일
관찰 대상	🔍 성경

 관찰 내용

'성경'은 '하느님 말씀'이다.
구약 성경과 신약 성경으로 되어 있다.
구약 성경은 46권이고
신약 성경은 27권이다.

구약 성경을 보면 하느님이
우리를 얼마나 많이 사랑하시는지
알 수 있다.
우리를 사랑하셔서 세상을 창조하시고
착하게 살도록 이끌어 주셨다.

신약 성경에는 예수님이 세상에 오셔서
아픈 사람을 낫게 하시고
하느님 나라에 대해 가르쳐 주신
이야기가 있다.

새롭게 발견하거나 알게 된 점	예수님은 사람들을 위해 좋은 일을 많이 하셨다. 성경을 열심히 읽어서 예수님을 본받아야겠다.

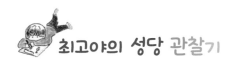 **최고야의 성당 관찰기**

관찰 날짜	12 월	14 일
관찰 대상	🔍 보편 지향 기도	

🏠 관찰 내용

미사 중에 친구들이 앞에 나가 기도를 한다.
이 기도를 '보편 지향 기도'라고 한다.

기도 내용은 다양하다.
교회를 위해, 전 세계를 위해,
우리나라를 위해,
어려운 사람들을 위해,
그리고 우리 동네를 위한
기도도 한다.

기도가 끝나면 다 함께  라고 응답한다.

새롭게 발견하거나 알게 된 점	보편 지향 기도는 나를 위해 기도하는 게 아니라 우리 모두를 위해 하는 기도다.

 최고야의 성당 관찰기

관찰 날짜	12 월	28 일
관찰 대상	🔍 미사종	

⛪ 관찰 내용

미사 중에 복사를 서는 형들과 누나들이 종을 친다.
이 종을 '미사종'이라고 한다.
종을 치는 때를 자세히 보니
신부님이 두 손을 모아 빵과 포도주 위에
십자 표시를 할 때 첫 번째 종소리가 났다.
중요한 순간이 시작됨을 알리며 모두 집중하라는 신호다.
그리고 신부님이 성체를 들어 올릴 때와 성혈을 들어 올릴 때도 종을 친다.
종소리로 거룩하고 중요한 때임을 알려 준다.

새롭게 발견하거나 알게 된 점	종소리가 들리면 중요한 순간이므로 더 집중해서 기도해야 한다.

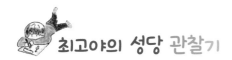 **최고야의 성당** 관찰기

관찰 날짜	1 월	5 일
관찰 대상	🔍 빵과 포도주	

⛪ 관찰 내용

> 너희는 모두 이것을 받아 먹어라.
> 이는 너희를 위하여 내어 줄 내 몸이다.
>
> 너희는 모두 이것을 받아 마셔라.
> 이는 새롭고 영원한 계약을 맺는
> 내 피의 잔이니….

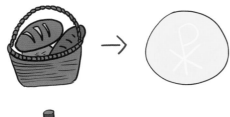 →

 →

미사 중 신부님이 성찬 전례 때
하시는 말씀으로
축성문이라고 하고,
'빵'과 '포도주'가 예수님의 몸과 피인
'성체'와 '성혈'로 변한다.

새롭게 발견하거나 알게 된 점	예수님의 몸인 성체를 우리 마음에 잘 모셔야 한다. 성체를 모시면 예수님과 일치할 수 있다.

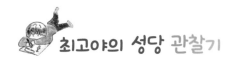 **최고야의 성당 관찰기**

관찰 날짜	1 월	19 일
관찰 대상	🔍 평화의 인사	

 관찰 내용

평화를 빕니다

미사 중에 옆에 있는 친구들과 마주 보고
'평화를 빕니다'라고 말하면서
서로 인사하는 시간이 있다.

특별한 날에는 악수를 하거나
서로 안아 주기도 한다.

앞
왼쪽   오른쪽
뒤

처음에는 신부님과 '평화의 인사'를 하고
그다음에는 옆에 있는 친구들에게 한다.

마음을 담아
평화의 인사를 한다.

새롭게 발견하거나 알게 된 점	평화의 인사는 단순한 인사가 아니라 예수님이 주신 평화를 서로 나누는 것이다.

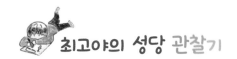 최고야의 성당 관찰기

관찰 날짜	2 월	9 일
관찰 대상	🔍 축복	

 관찰 내용

신부님께 묵주나 십자가를 가져가면
신부님이 축복해 주신다.
'축복'은 '하느님께 복을 비는 것'이다.
집이나 자동차에도 축복을 받을 수 있다.
축복 받은 물건은 하느님께 봉헌된 것이기에
잘 사용해야 한다.
묵주를 축복받았다면
그 묵주로 기도를 열심히 해야 한다.

우리 신부님은 미사 때
성체를 모시지 못하는
나한테도 축복해 주신다.
나는 하느님의 선물을 받는 마음으로
축복을 받는다.

새롭게 발견하거나 알게 된 점	우리 부모님도 내게 축복을 해 주실 수 있다. 내가 학교에 갈 때, 잠자리에 들 때, 학교에서 캠프를 갈 때 내 이마에 십자가를 그으며 축복해 주신다.

관찰 날짜	3 월	9 일
관찰 대상	🔍 십자가의 길	

🏛 관찰 내용

성당 양쪽 벽면에는 조각상이 이어져 있다.
예수님이 재판 받는 모습, 십자가를 지고 가시는 모습,
넘어지는 모습 등 모두 14개로 되어 있다.
한 처씩 따라가며 기도하는데 '십자가의 길' 기도라고 한다.

2처

3처

기도를 할 때는 예수님이 십자가를 지고
걸어가신 길을 따라가면서
고통을 견디고 십자가에 못 박혀 돌아가신
예수님을 생각한다.
예수님이 돌아가신 순간을 묵상하는 12처에서는
무릎을 꿇고 기도한다.

새롭게 발견하거나 알게 된 점	예수님이 십자가의 길을 걸으신 이유는 우리를 사랑하시어 구원하시기 위해서다. 십자가의 길 기도는 평소에도 바치지만 사순 시기에 더 많이 바친다.

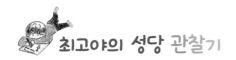

관찰 날짜	4 월	20 일
관찰 대상	🔍 부활초	

 관찰 내용

부활절 전날 밤 '빛의 예식'을 했다.
이날 엄청 큰 초를 봤다.
큰 초의 불씨가 내가 들고 있는
작은 초로 옮겨졌다.
어둡던 주변이 환해졌다.
'부활초'는 부활하신 예수님을 상징한다.
예수님이 우리의 빛이다.

부활초

미사가 끝난 후에는 서로
'부활 축하합니다' 하고 인사한다.
예수님의 부활을 축하하는 것이다.
예수님이 부활하셨는데
왜 우리가 부활 축하한다고 인사할까?

부활 축하드려요

새롭게 발견하거나 알게 된 점	예수님이 죽으셨다가 다시 살아나신 것처럼 우리도 새로운 생명을 믿으며 부활 축하 인사를 한다. 그리고 부활초를 파스카 초라고도 부른다.

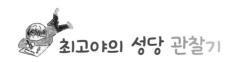 최고야의 **성당 관찰기**

관찰 날짜	5 월	4 일
관찰 대상	🔍 묵주	

 관찰 내용

5월은 성모 성월이다.
성모 성월이 되면 성모님상 앞에 모여 묵주기도를 드린다.
묵주기도를 드릴 때 사용하는 '묵주'는 다양하다.
목걸이처럼 긴 묵주, 손목에 차는 묵주,
손가락에 끼는 묵주가 있다.

구슬마다 바치는 기도문이
정해져 있다.

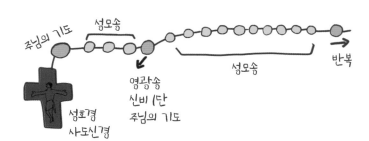

새롭게 발견하거나 알게 된 점	묵주는 늘 가지고 다닐 수 있다. 묵주기도는 로사리오라고도 하는데 장미 꽃다발이라는 뜻이다.

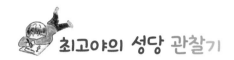 **최고야의 성당** 관찰기

관찰 날짜	9 월	7 일
관찰 대상	🔍 순교와 순교자	

 관찰 내용

 예전에는 하느님을 지금처럼 자유롭게 믿지 못했다고 한다. 하느님을 믿다가 들키면 고문을 당하거나 죽임을 당했다.

 이런 상황에서 하느님을 믿는다고 고백하며 죽음을 선택하는 것이 '순교'다. 그리고 순교한 사람을 '순교자'라고 한다.

우리나라에서도 많은 분이 신앙을 지키기 위해 순교하셨다. 내가 알고 있는 김대건 신부님도 순교하셨다. 그리고 이름이 알려지지 않은 순교자들도 많다.

새롭게 발견하거나 알게 된 점	9월은 순교자들을 특별히 기억하는 '순교자 성월'로 지낸다. 

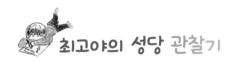 **최고야의 성당 관찰기**

관찰 날짜	12 월	7 일
관찰 대상	🔍 대림 시기	

 관찰 내용

'대림'은 '오기를 기다린다'는 뜻이다.
그러니까 대림 시기는 예수님을 기다리는 때이다.

<대림초>

대림 시기는 크리스마스 전 4주간의 시기를 말한다.
4주 동안 주일마다 초를 하나씩 늘려 가며 켠다.
보라, 연보라, 분홍, 흰색 초를 순서대로 켠다.
보라색에서 흰색으로 점점 초 색깔이 밝아지는 이유는
어둠을 밝히려고 세상에 오시는 예수님이 가까이 오고 있어서다.

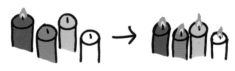

대림 1주   대림 4주

<대림환>

초록색 잎들을 동그랗게 엮어서 대림초와 함께 둔다.
동그란 모양은 모든 것의 시작과 끝이신 하느님을 상징한다.

새롭게 발견하거나 알게 된 점	대림 시기에 신부님은 보라색 제의를 입는다. 그런데 대림 제3주일에는 기쁨을 나타내는 장미색 제의를 입는다. 예수님이 오실 날이 가까이 왔으니 기뻐하라는 의미다.

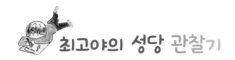 최고야의 성당 관찰기

관찰 날짜	12 월	25 일
관찰 대상	🔍 구유	

 관찰 내용

성탄절이 되면 예수님이 태어나신 걸 축하하며 기쁘게 지낸다.
그리고 구유에 누워 계신 아기 예수님께 경배한다.
'구유'는 말이나 소의 밥그릇이다.
마구간에서 태어난 예수님은 이 구유에 누워 계신다.
아기 예수님 주변에는 마리아와 요셉이 있다.
그리고 예수님이 태어나신 소식을 천사들한테 듣고 달려온 목동들이 있다.

새롭게 발견하거나 알게 된 점	예수님이 아기로 세상에 오신 이유는 우리를 사랑하시기 때문이다.

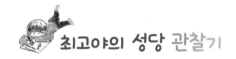

관찰 날짜	3 월	11 일
관찰 대상	🔍 신부님	

 관찰 내용

성당에 가면 신부님을 볼 수 있다.
신부님은 신자들이 하느님을
올바로 믿고 따르도록 이끌어 주신다.

미사 전에는 고해성사를 주신다.
아픈 사람들을 찾아가서 병자성사도 주신다.
결혼하는 신랑 신부를 위해 혼인성사도 주례하신다.
돌아가신 분들을 위해서는 장례미사를 드린다.

우리 신부님은 이 모든 일을 하시고
월요일에 쉬신다.

새롭게 발견하거나 알게 된 점	신부님이 되려면 하느님의 특별한 부르심을 받아야 한다. 

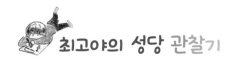 **최고야의 성당 관찰기**

관찰 날짜	4 월	18 일
관찰 대상	🔍 수녀님	

 관찰 내용

우리 성당에는 수녀님이 두 분 계시는데
큰수녀님, 작은수녀님이라고 부른다.
어린이 미사 때는
작은수녀님이 함께 미사를 드린다.

작은수녀님한테 왜 수녀님이 되셨냐고 물으니
예수님과 더 가까이, 더 친하게 지내고 싶어서
수녀님이 되셨다고 한다.
수녀님들은 기도하며 하느님과
가난한 사람들을 위해 사신다.

새롭게 발견하거나 알게 된 점	수녀님은 성당뿐만 아니라 학교나 병원 등 다양한 곳에서 수도생활을 하신다.

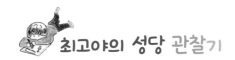 최고야의 성당 관찰기

관찰 날짜	5 월	1 일
관찰 대상	신학생	

관찰 내용

예비 신학생 모임이라는 게 있다.
신부님이 되고 싶은 중·고등학생 형들이 다니는 모임이다.

모임에 다니던 형들은
신학교 입학시험을 보고
신학대학에 들어간다.
그곳에서 기도하고 미사드리고
공부를 한다.

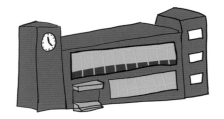

방학이 되면 신학생 형들을
성당에서 볼 수 있다.
신앙학교 때 물놀이도 같이 하고
교리도 가르쳐 준다.

새롭게 발견하거나 알게 된 점	예수님을 닮은 신부님이 되기 위해서는 오랫동안 신학교에서 준비를 해야 한다. 

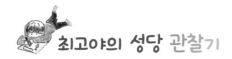 최고야의 **성당** 관찰기

관찰 날짜	6 월	15 일
관찰 대상	🔍 봉사자	

 관찰 내용

성당에는 봉사하시는 분들이 많다.
미사 중에 전례를 안내하는 미사 해설자,
신부님 옆에서 성체를 나누어 주는 성체 분배자,
성가로 하느님을 찬미하는 성가대,
교리를 알려 주시는 주일학교 선생님 등
많은 봉사자가 있다.

미사 해설자

성체 분배자

성가대

주일학교 선생님

새롭게 발견하거나 알게 된 점	봉사는 하느님의 사랑을 실천하는 것이다. 하느님이 내게 주신 재능을 이웃과 나누면서 사랑을 실천할 수 있다.

 **최고야의 성당** 관찰기

관찰 날짜	1 월	1 일
관찰 대상	🔍 주일학교	

 관찰 내용

어린이 미사가 끝나면 주일학교에서
교리를 배운다.
주일학교 선생님이 교리실에서
하느님과 예수님 그리고
성모님에 대해 알려 주신다.

교리실도 학교 교실처럼 책상과 의자, 연필, 색연필이 있다.
다른 게 있다면 교리실에는 십자가가 있다.

새롭게 발견하거나 알게 된 점	오늘은 하느님이 세상을 어떻게 만드셨는지 배웠다. 하느님에 대해 더 많이 알고 싶다.

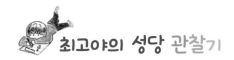 최고야의 성당 관찰기

관찰 날짜	8 월	10 일
관찰 대상	🔍 신앙학교	

 관찰 내용

여름 방학 때 주일학교에서 신앙학교를 했다.
예수님이 나를 많이 사랑하신다는 걸 느꼈다.
사랑을 실천하는 방법에 대해서도 배웠다.

그리고 성당 마당에 주일학교 선생님들이
커다란 수영장을 만들어 주셔서 신나게 물놀이를 했다.

신앙학교 때 배운 대로 친구에게
물총을 양보하고 간식도 나눠 먹었다.

새롭게 발견하거나 알게 된 점	내가 다니는 성당에서는 해마다 신앙학교가 열리고 3학년이 되면 캠프를 간다.

 **최고야의 성당** 관찰기

관찰 날짜	9 월	4 일
관찰 대상	🔍 성체조배실	

 관찰 내용

우리 성당 꼭대기 층에는
'성체조배실'이 있다.
공간이 작고 조용하다.

십자가가 있고
성체가 모셔져 있는
감실이 있다.
앉아서 기도하도록
책상과 방석도 있다.

성체조배는 성체 안에 계신
예수님과 대화하는 것이다.
내 얘기도 하고,
예수님이 나에게
무슨 말씀을 하시는지
잘 듣는다.

새롭게 발견하거나 알게 된 점	성체조배실에서 기도를 하면 예수님과 더 친해질 수 있다. 그리고 예수님이 나에게 바라시는 것이 무엇인지 알게 된다.

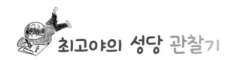
관찰 날짜	9 월	14 일
관찰 대상	🔍 삼종기도	

 관찰 내용

아빠를 따라서 어른들이 많은 11시 미사를 드렸다.
미사가 끝나자 삼종기도를 바쳤다.
아빠가 삼종기도에 대해 설명해 주셨다.
프랑스 화가 밀레가 그린 <만종>의
원래 제목이 <삼종기도>였다고 한다.
농부 부부가 저녁에 일을 마치고 종소리를 들으며
기도를 하는 그림이다.

삼종기도를 하면서 기억할 게 있다.
가브리엘 천사가 마리아에게
예수님을 낳게 될 것이라고 알려 주자
마리아는 이렇게 대답하셨다.
"주님의 종이오니 그대로 제게 이루어지소서."
그래서 예수님이 세상에 오실 수 있었다.

새롭게 발견하거나 알게 된 점	아침, 점심, 저녁 이렇게 하루 세 번 삼종기도를 바친다.

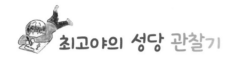 최고야의 성당 관찰기

관찰 날짜	9 월	21 일
관찰 대상	🔍 유아세례	

 관찰 내용

아기들이 세례를 받는 날이다.
신부님이 '성부와 성자와 성령의 이름으로
세례를 준다'고 말씀하시면서
아기들의 이마에 물을 부으셨다.
이마에 십자 표시도 해주셨다.

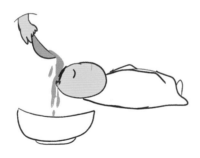

그리고 '흰옷을 입혀 준다'고 하시면서
흰옷 대신 흰 수건을 아기들의 머리에 올리고
기도해 주셨다.

새롭게 발견하거나 알게 된 점	세례를 받으면 하느님의 은총으로 죄가 모두 없어진다. 그리고 하느님의 자녀로 새로 태어난다.

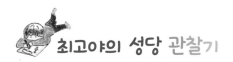 최고야의 성당 관찰기

관찰 날짜	10 월 2 일
관찰 대상	🔍 세례명

 관찰 내용

세례를 받으면 새 이름이 생기는데
세례 때 받는 이름을 '세례명'이라고 한다.

가타리나

베드로   엘리사벳
데레사

성경에 나오는 인물이나 평소에 좋아하고
닮고 싶은 성인의 이름을 찾아
세례명으로 정한다.
그리고 성인을 본받으려고 노력해야 한다.

내가 태어난 날을 생일이라고 하는데
내가 세례명으로 택한 성인의 축일은
'영명 축일'이라고 한다.

베드로

새롭게 발견하거나 알게 된 점	내 세례명은 '임마누엘'이다. 임마누엘은 '하느님이 우리와 함께 계시다'라는 뜻이다.  임 마 누 엘

 최고야의 성당 관찰기

관찰 날짜	10 월	9 일
관찰 대상	🔍 첫영성체	

 관찰 내용

예수님의 몸과 피를 받아 모시는 것을
'영성체'라고 한다. '첫영성체'는
처음으로 성체를 모시는 것을 말한다.

성체를 모시기 위해서는
많은 준비가 필요하다.
성경을 읽고 쓰고
특별히 첫영성체 교리를 열심히 받는다.

기도문도 외워야 한다.
그리고 마음을 깨끗이 하기 위해
고해성사를 받는다.

성체를 모시면 예수님과 하나가 된다.

새롭게 발견하거나 알게 된 점	성체를 모실 때 신부님이 '그리스도의 몸'이라고 말씀하시면 '아멘'이라고 대답한다. 아멘은 '그렇습니다'라는 뜻으로 내 믿음을 표현하는 말이다. 

 **최고야의 성당 관찰기**

관찰 날짜	월	일
관찰 대상	🔍	

🏛 관찰 내용

새롭게 발견하거나 알게 된 점	

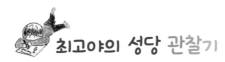 최고야의 성당 관찰기

관찰 날짜	월 일
관찰 대상	🔍

🏛 관찰 내용

새롭게 발견하거나 알게 된 점	

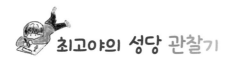 최고야의 성당 관찰기

관찰 날짜	월 일
관찰 대상	🔍

🏛 관찰 내용

새롭게 발견하거나 알게 된 점	

 최고야의 성당 관찰기

관찰 날짜	월 일
관찰 대상	🔍

🏛 관찰 내용

새롭게 발견하거나 알게 된 점	

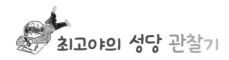 최고야의 성당 관찰기

관찰 날짜	월 일
관찰 대상	🔍

🏛️ 관찰 내용

새롭게
발견하거나
알게 된 점	

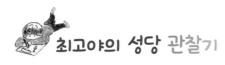

최고야의 성당 관찰기

관찰 날짜	월 일
관찰 대상	🔍

🏛 관찰 내용

새롭게 발견하거나 알게 된 점	

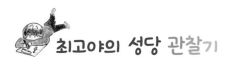 **최고야의 성당 관찰기**

관찰 날짜	월 일
관찰 대상	🔍

🏛 관찰 내용

새롭게 발견하거나 알게 된 점	

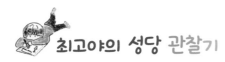 최고야의 성당 관찰기

관찰 날짜	월	일
관찰 대상	🔍	

🏛 관찰 내용

새롭게 발견하거나 알게 된 점	

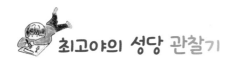 최고야의 성당 관찰기

관찰 날짜	월 일
관찰 대상	🔍

🏤 관찰 내용

새롭게 발견하거나 알게 된 점	

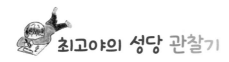 최고야의 성당 관찰기

관찰 날짜	월 일
관찰 대상	🔍

🏛 관찰 내용

새롭게 발견하거나 알게 된 점	